Inhalt

Eingabemedien - Nintendo erschließt sich neue Zielgruppen

Kernthesen

Beitrag

Fallbeispiele

Weiterführende Literatur

Impressum

# Eingabemedien - Nintendo erschließt sich neue Zielgruppen

M. Westphal

Kernthesen

- Nintendo hat im vergangenen Jahr seine neue Spielkonsole mit einem völlig neuen Eingabemedium gelauncht.
- Der Nintendo-Controller erlaubt die Übertragung von Bewegungen in das Spielgeschehen.
- Nintendo erschließt sich mit diesem revolutionären Eingabemedium neue Kundengruppen.
- Nintendos Technologie wird inzwischen nicht nur von Computer-Spielern genutzt, sondern auch für andere Zwecke wie Reha-

Maßnahmen verwandt.

Beitrag

Nintendo hat mit seiner neuen Konsole Wii einen Eingabecontroller entwickelt, der nicht mehr nur mit Tasten oder Joystick funktioniert, sondern die Bewegungen des Körpers im Spiel umsetzt.
Inzwischen ist diese neuartige Form der interaktiven Übertragung nicht nur sehr erfolgreich im Bereich der Computer-Spiele im Einsatz, sondern auch bei spielfremden Anwendungen.

Video-Spiele dienten bisher selten der körperlichen Ertüchtigung

Die Nutzer von Video-Spielen stellte man sich oft als übernächtigt und mit tiefen Ringen unter den Augen vor. Bisher wurden Video-Spiele nicht zur Steigerung der körperlichen Fitness gespielt. Echter körperlicher Sport fand nicht statt, anstelle dessen war virtueller Sport vorherrschend. (4)
Die bisher sehr indirekte Steuerung von Video-Spielen über die Knöpfe und Joysticks der traditionellen Spiele-Controller führte bei vielen Nutzern häufig zu Frust, da das Spiel jeweils vorbei war, bevor man überhaupt verinnerlicht hatte, welche Tasten welche

Steuerungsbefehle auslösen. Die deutlich interaktivere und vor allem viel intuitiver zu bedienende Steuerung der Wii-Konsole von Nintendo schafft hier einen neuen Kundennutzen.

Neue Computer-Eingabemedien auf den Markt

Nintendo und auch andere Anbieter wie VST oder Sony versuchen mit neuen Spiel- und Eingabekonzepten dem Bewegungsmangel entgegenzuwirken. So bringt Nintendo mit seinen neuen Eingabemedien das Fitness-Studio zwar nicht komplett ins eigene Heim. Aber es werden verschiedene Spielvarianten angeboten, wie Aerobic, um die eigene Fitness zu verbessern. (4)
Neben dem schon zum Marktstart vorgestellten Wii-Controller gibt es inzwischen auch das Wii-Fit-Brett mit der gleichen Technik. Es misst mittels eines kippeligen Bretts über Drucksensoren die Gewichtsverlagerung des Spielers. Balancespiele wie Kopfbälle beim Fußball oder Simulation von Skispringen sind hiermit genauso möglich wie Aerobic- und Yoga-Übungen. Es kann auch das Gewicht und den Fettanteil im Köper überwachen. Es kann Haltungsfehler identifizieren, oder zur Gymnastik genutzt werden. Seit Dezember 2007 gibt es dieses Gerät für umgerechnet 55 Euro in Japan zu

kaufen. Um die Vielfalt möglicher Anwendungen zu erhöhen, hat Nintendo das neue Spiel Mario & Sonic bei den Olympischen Spielen auf den Markt gebracht. 16 Figuren kämpfen in 20 Disziplinen um Medaillen. Mittels Bewegungen der sensitiven Controller werden die Figuren im Spiel zu entsprechenden Bewegungen motiviert. (2), (5)

VST bietet ein AddOn für handelsübliche Heimtrainer an, welches unter dem Namen Cyber Bike verschiedene Trainingsstufen, Spielziele und Streckensimulationen anbietet, die Radrennen nicht nur auf dem PC, sondern auch um den Anwender herum ermöglichen soll. Sony hat für die Playstation 2 das Spiel Eye Toy: Kinetic Combat entwickelt, welches dem Spieler in Kung Fu-Simulationen ermöglicht, wichtige Muskelgruppen und auch das Gleichgewicht zu trainieren. Virtuelle Fitnesstrainer stimmen das Trainingsprogramm dabei individuell auf die Anforderungen des Spielers ab. So verfolgt eine auf dem Fernseher montierte Kamera die Bewegungen des Spielers und überträgt diese in das Spiel. Somit kann Computersport inzwischen genauso schweißtreibend sein, wie realer Sport im Fitness-Studio. (4)

Auch andere Spielehersteller wie die Firma Capcom beginnen damit, Ihre Spiele mit speziellen Wii-Funktionen auszustatten. So ist es im Spiel Resident Evil 4 möglich, mittels des Wii-Controllers ein Fadenkreuz auf den Gegner zu richten, bevor Schüsse abgegeben werden. Auch die aus den 80er Jahren bekannte Lightgun für Nintendo wird bald wieder erhältlich sein und ermöglicht in verschiedenen Spielen eine möglichst realitätsnahe Interaktion. (5) Inzwischen warnen Physiotherapeuten aber vor dem uneingeschränkten Gebrauch. So wird in Anwenderforen vom Wii-Ellenbogen gesprochen. Anwender sollten daher unbedingt vor Spielbeginn einige Aufwärmübungen machen. (5)

Die Eingabegeräte werden nicht nur von Computer-Spielern genutzt

Der bewegungssensitive Controller der Wii wird inzwischen zunehmend auch von Kliniken in den USA genutzt zur Behandlung und insbesondere Rehabilitation von Patienten nach einem Schlaganfall, Knochenbruch oder anderen chirurgischen Eingriffen. So haben Therapeuten für dieses neue Behandlungsgerät auch schon einen eigenen Namen kreiert, man spricht jetzt von Wiihabilitation. (1)
Der Grund für den Erfolg der Wii-Konsole und ihren Controller im Bereich der medizinischen Rehabilitation liegt darin begründet, dass die

Patienten sich viel stärker involvieren, wenn ihre Bewegungsübungen mit einem Video-Spiel verbunden werden. Jeder will gewinnen und so engagieren sich die Patienten viel stärker, als wenn es diesen zusätzlichen Spieleanreiz nicht gäbe.
Beliebteste Wii-Spiele bei den Patienten sind Baseball, Bowling, Boxen, Golf und Tennis. Die Patienten steuern die Bewegungen im Spiel mit dem drahtlosen Controller, der dann die Bewegungen im Spiel auf den Bildschirm überträgt. [1]
Patienten aller Altersgruppen nutzen diesen Controller und damit wird Ausdauer, Kraft und Koordination verbessert. [1]
Inzwischen beschäftigen sich Wissenschaftler auch im Rahmen einer Studie mit diesem Phänomen. Sie wollen Patienten, die mit der Wii-Konsole therapiert werden vergleichen mit anderen, die traditionell behandelt werden, um herauszufinden, inwieweit die Wii-Therapie bessere Ergebnisse erzielt. [1]

Ein tot geglaubtes Unternehmen erlebt eine Renaissance

Nintendo will mit seiner neuen Eingabe und damit Interaktion in Video-Spiele zeigen, wie ein Unternehmen, dem vor wenigen Jahren noch der Ausstieg aus dem Hardware-Geschäft nahe gelegt

wurde, mittels radikaler Innovationen zu einem wieder führenden Unternehmen der Spielebranche aufsteigen kann. Nintendo als Erfinder des Gameboys hat bisher mit 120 Konsolen mehr Geräte verkauft als irgendein anderer Hersteller. (2)
Nintendo verfolgt nicht die Strategie der anderen Konsolenhersteller wie Microsoft und Sony, die leistungsfähigste Konsole anzubieten. Vielmehr versucht das Unternehmen mit innovativen Spielideen und einer völlig neuartigen intuitiven Steuerung durch physische Bewegung, Kunden zu gewinnen. Auch Sony versucht mit seinen Tools wie EyeToy und Singstar, neuartige Spielerlebnisse zu schaffen, um so weitere Kundenschichten zu gewinnen.
Mit dem Paradigmenwechsel bei Video-Spielen durch ein völlig neuartiges interaktives Eingabemedium konnte Nintendo im abgelaufenen Geschäftsjahr mit 17,5 Millionen verkauften Konsolen sogar den Marktführer Sony überholen. Sony brachte nahezu gleichzeitig seine Playstation 3 auf den Markt, konnte aber nur 11 Millionen Konsolen absetzen. (2)
Nintendo dagegen konnte fast zwei Milliarden Euro beim operativen Gewinn erwirtschaften. (2)
Mit seiner radikal neuen Eingabemöglichkeit erschließt sich Nintendo auch völlig neue Zielgruppen, die diese Konsole kaufen. (2)

Fallbeispiele

Die in der Nintendo genutzten MEMS-Beschleunigungssensoren sind schon seit langem bekannt und werden beispielsweise zur Steuerung von Airbags in Autos verwandt. Beschleunigungssensoren werden auch zum Schutz von Festplatten in mobilen Computern genutzt. Die höhere Verbreitung dieser Sensoren und die inzwischen erhältlichen Varianten für verschiedenste Anwendungsszenarien ermöglichen eben auch den Einsatz in konsumentenorientierten Produkten wie der Wii-Konsole. Gerade die Robotik ist ein Anwendungsbereich für den das Erfassen von Bewegungen unerlässlich ist. Der Automatisierungsgrad kann durch vollkommen reproduzierbare Aktionen und Reaktionen mittels der exakten Erkennung von Position und Bewegung der Roboterarme mit hoher Genauigkeit gesteuert werden. (7)

Ähnlich wie der Wii-Controller funktionieren die inzwischen vorgestellten Verfahren zur Steuerung von Robotern. Referenzlose Bewegungs- und Richtungserkennung über eine kabellose Bedieneinheit können die Roboterbewegungen in sechs Achsen steuern. (6)

Nintendo nutzt für die Übertragung der Wii-Controller-Befehle das Bluetooth-Protokoll. Damit ist dieser Controller nicht alleine in Verbindung mit der Wii-Konsole nutzbar, sondern kann auch mit dem PC verbunden werden. So ergeben sich völlig neue Anwendungsoptionen. Die Fernbedienung kann für 40 Euro alleine gekauft werden ebenso wie ein zusätzlicher Nunchuk-Controller für weitere 20 Euro. Mit ihnen könnten z. B. MIDI-Befehle genutzt werden, um Musik- und Videoprogramme zu manipulieren. Allerdings ist hierfür etwas Programmierarbeit in der Steuersoftware (vor allem der MIDI-Controller) notwendig. Dann allerdings kann der Wii-Controller z. B. zum Dirigieren eines virtuellen Orchesters genutzt werden. [(8)](#)

Weiterführende Literatur

(1) Kliniken nutzen Spielkonsole als Therapiegerät aus Handelsblatt Nr. 035 vom 19.02.08 Seite 19

(2) Spielekonsolen Frische Truppen aus HANDELSBLATT online 26.01.2008 10:12:07

(3) Deutscher Konsolenspiele-Markt 2007 stark gewachsen Konsolenspiele gehörten im Jahr 2007 zu den absatzstärksten Produkten im Bereich Unterhaltungselektronik. Der Markt konnte ein

Wachstum um 30 Prozent auf einen Wert von 554 Millionen Euro verzeichnen. Dies hat jetzt Media Control mitgeteilt.
aus COMPUTER-INFORMATIONS-DIENST vom 09.Januar 2008

(4) Computerspiel ist nicht gleich Computerspiel - Vom "Ballerspiel" zum Braintrainer
aus HANDELSBLATT online 03.12.2007 19:08:57

(5) Lederer, Mark, Neue Spiele für die Familie, zu Weih nachten kommen PC-Spiele, die vollen Körpereinsatz fordern. Nach Nintendos Erfolg mit der Wii zieht die Konkurrenz nach, Welt am Sonntag, 25.11.2007, Nr. 47, S. 60
aus HANDELSBLATT online 03.12.2007 19:08:57

(6) Roboter Wie bei Nintendo
aus MSR-Magazin, Heft 11/2007, S. 53

(7) - KOMBINIERTE DREHRATEN- UND BESCHLEUNIGUNGSSENSOREN FüR RAUE UMGEBUNGEN Integrierte MEMS-Sensoren für Industriesteuerungen
aus Elektronikpraxis Nr. 21 vom 07.11.2007 Seite 102

(8) Softwaresteuerung mit der Wii-Fernbedienung
aus c't - Magazin für Computertechnik, 18/2007, S. 166

Impressum

Eingabemedien - Nintendo erschließt sich neue Zielgruppen

Bibliografische Information der deutschen Nationalbibliothek

Die Deutsche Nationalbibliothek verzeichnet diese Publikation in der deutschen Nationalbibliografie; detaillierte bibliografische Daten sind im Internet über http://dnb.d-nb.de abrufbar.

ISBN: 978-3-7379-0338-7

© 2015 GBI-Genios Deutsche Wirtschaftsdatenbank GmbH, Freischützstraße 96, 81927 München, www.genios.de

Alle Rechte vorbehalten. Dieses Werk ist einschließlich aller seiner Teile – z.B. Texte, Tabellen und Grafiken - urheberrechtlich geschützt. Jede Verwertung außerhalb der Grenzen des Urheberrechtsgesetzes bedarf der vorherigen Zustimmung des Verlags. Dies gilt insbesondere auch für auszugsweise Nachdrucke, fotomechanische Vervielfältigungen (Fotokopie/Mikroskopie), Übersetzungen, Auswertungen durch Datenbanken oder ähnliche Einrichtungen und die Einspeicherung und Verarbeitung in elektronischen Systemen.